Impressum
Verlag: BABADADA GmbH, Nedderfeld 112 , 22529 Hamburg
Geschäftsführer / Verlagsleitung: Harald Hof
Druck: Books on Demand GmbH, In de Tarpen 42, 22848 Norderstedt

Imprint
Publisher: BABADADA GmbH, Nedderfeld 112 , 22529 Hamburg, Germany
Managing Director / Publishing direction: Harald Hof
Print: Books on Demand GmbH, In de Tarpen 42, 22848 Norderstedt

koulu

ښوونځی

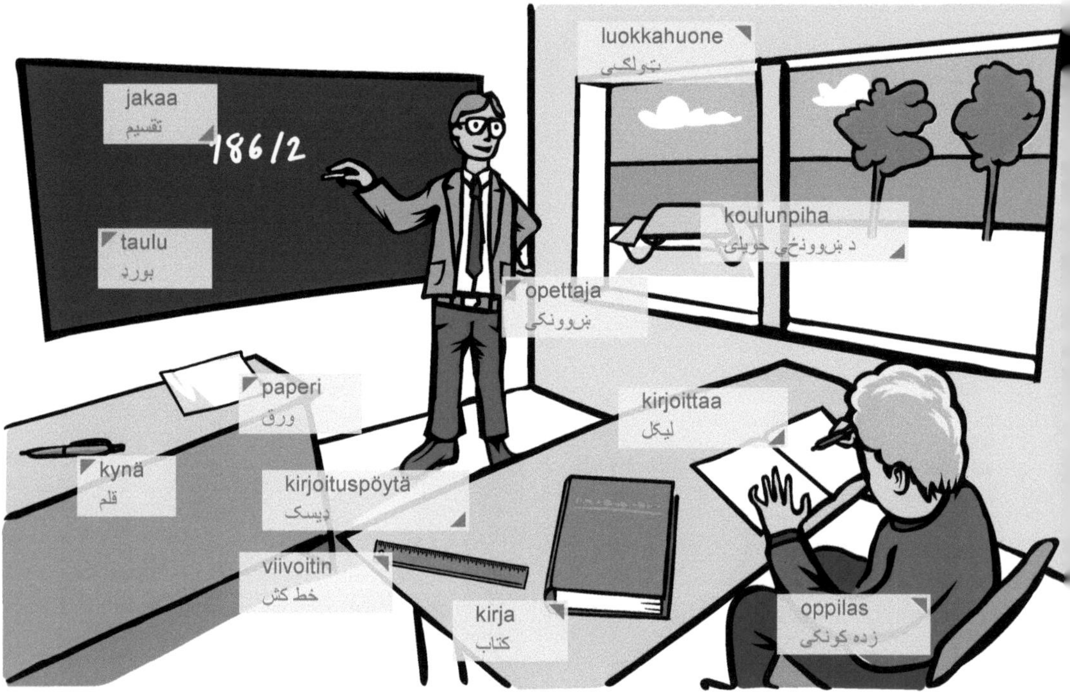

luokkahuone
ټولګی
jakaa
تقسیم
186/2
taulu
بورډ
koulunpiha
د ښوونځي حویلۍ
opettaja
ښوونکی
paperi
ورق
kirjoittaa
لیکل
kynä
قلم
kirjoituspöytä
ډیسک
viivoitin
خط کش
kirja
کتاب
oppilas
زده کونکی

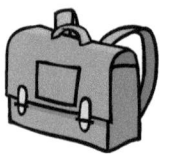

reppu

کڅوړه

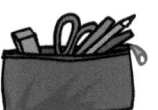

penaali

د پنسل بکسه

lyijykynä

پنسل

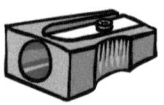

kynänteroitin

پنسل تراش

pyyhekumi

ربړ

piirustuslehtiö

د رسامۍ پاڼه

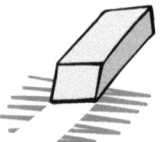

piirustus

رسامي

pensseli

د نقاشی برس

vesivärit

د نقاشی بکس

sakset

قیچي

liima

سریش

harjoituskirja

د تمرین کتاب

kotitehtävä

کورنی دنده

12

luku

شمیر

2+2

lisätä

جمع

5-2

vähentää

منفي

2×2

kertoa

ضرب

laskea

حساب

A

kirjain

توری

ABCDEFG HIJKLMN OPQRSTU VWXYZ

aakkoset

الفبا

hello

sana

کلمه

teksti

متن

lukea

لوستل

liitu

تباشیر

oppitunti

درس

opettajan muistikirja

راجستر

koe

ازموینه

todistus

تصدیق پاڼه

koulupuku

د ښوونځي یونیفارم

koulutus

تعلیم

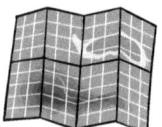

sanakirja

دایره المعارف

yliopisto

پوهنتون

mikroskooppi

مایکروسکوپ

kartta

نقشه

roskakori

اشغالدانی

matka

سفر

hotelli
هوټل
Grand
retkeilymaja
ليليه
ROOMS
rahanvaihto
د اسعارو د تبادلې دفتر
matkalaukku
بکس
auto
موټر

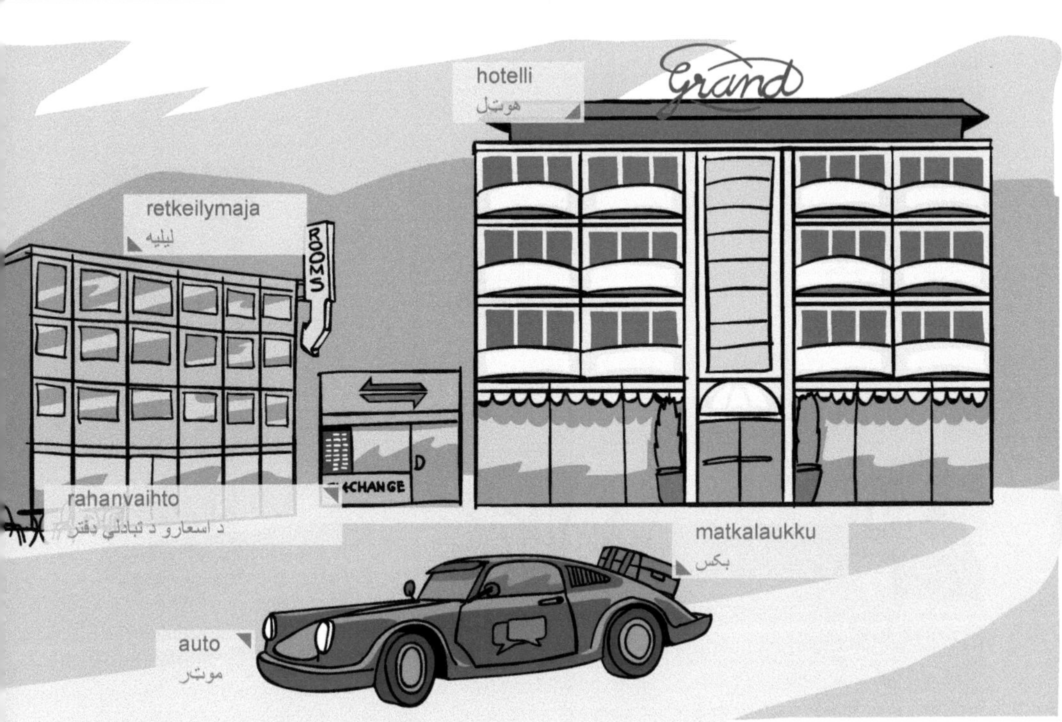

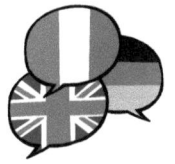

kieli

ژبه

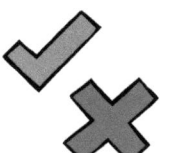

kyllä / ei

هو/نه

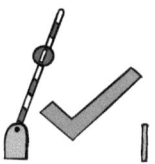

selvä

سمه ده

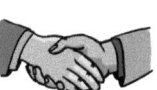

hei

سلام

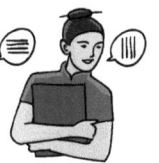

tulkki

ژباړونکی

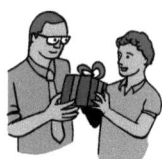

kiitos

مننه

Paljonko...maksaa?

څومره دي...؟

en ymmärrä

زه نه پوهېږم

ongelma

ستونزه

Hyvää iltaa!

ماښام مو پخیر!

Hyvää huomenta!

سهار په خیر!

Hyvää yötä!

شپه په خیر!

näkemiin

په مخه مو بښه

suunta

لاریښود

matkatavarat

سامان

laukku

بیګ

reppu

شاتنی بکس

vieras

مېلمه

huone

خونه

makuupussi

د خوب كڅوړه

teltta

خیمه

turisti-info

د توريزم معلومات

ranta

ساحل

luottokortti

کریدیت کارت

aamupala

ناری

lounas

د غرمي خواره

päivällinen

د شپي خواره

matkalippu

ټيکټ

hissi

لفټ

postimerkki

مهر

raja

پوله

tulli

ګمرک

suurlähetystö

سفارت

viisumi

ویزه

passi

پاسپورت

kuljetus

ټرانسپورټ

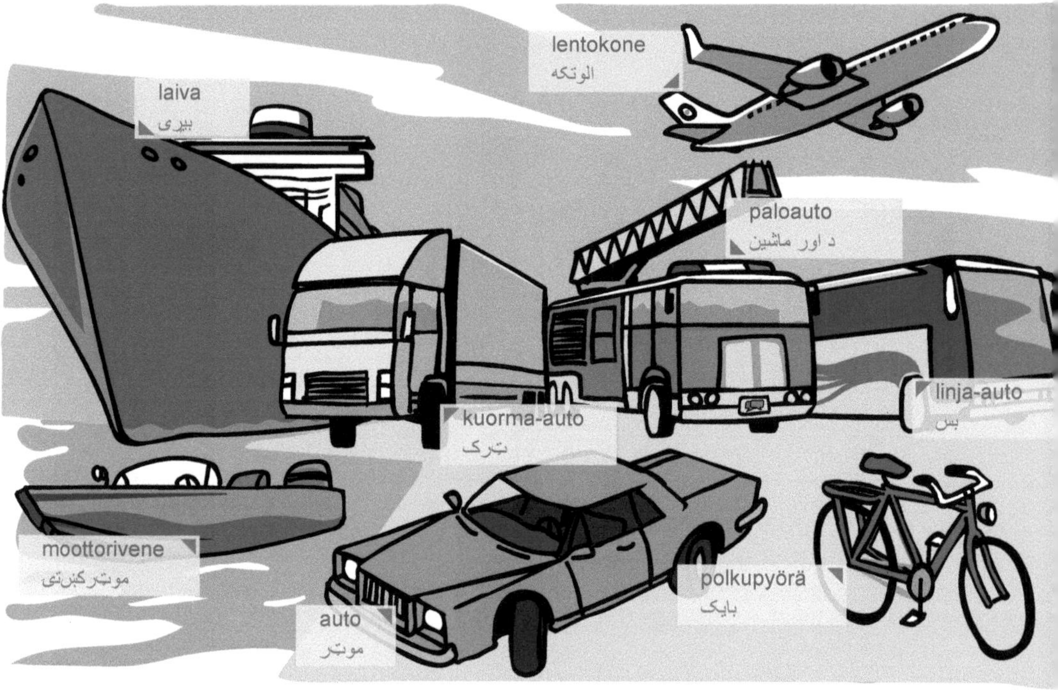

lentokone
الوتکه
laiva
بېړۍ
paloauto
د اور ماشين
linja-auto
بس
kuorma-auto
ټرک
moottorivene
موټرکښتۍ
auto
موټر
polkupyörä
بايک

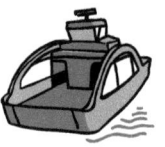

lautta

کښتۍ

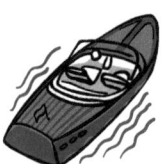

vene

کښتۍ

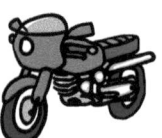

moottoripyörä

موټرسايکل

poliisiauto

د پوليسو موټر

kilpa-auto

د ريس موټر

vuokra-auto

کرايي موټر

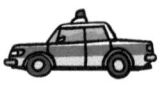

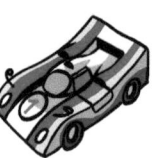

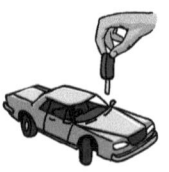

car sharing

د کرایه موټری

hinausauto

جرثقیل لرونکی ټرک

roska-auto

ریفیوز ټرک

moottori

موټر

polttoaine

سونګ توکي

huoltoasema

پټرول سټیشن

liikennemerkki

ترافیکي نښه

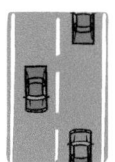

liikenne

ترافیک

ruuhka

جام ترافیک

parkkipaikka

د موټرو تمځای

rautatieasema

د ریل سټیشن

raiteet

پاټکي

juna

ریل

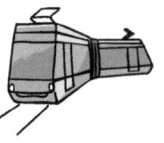

raitiovaunu

ټرام

vaunu

واګون

helikopteri

چورلکه

lentokenttä

هوايي ډګر

lähilennonjohto

برج

matkustaja

مسافر

kontti

کانتينر

pahvilaatikko

کارتون

kärryt

کارت

kori

ټوکرۍ

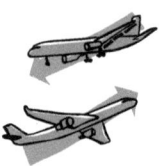

nousta / laskea

الوتنه کول/کبن‌يناستل

kaupunki

بن‌ار

kylä

کلی

keskusta

د بن‌ار مرکز

talo

کور

CINEMA

elokuvateatteri / سینما

mainos / اعلان

katuvalo / د کوڅې لامپ

katu / کوڅه

taksi / ټیکسی

kioski / د خوارو پلورنځی

jalankulkija / پیاده

jalkakäytävä / پلي لاره

suojatie / د سړک څخه تیریدو لاره

jäteastia / اشغالدانۍ (لوی)

risteys / د تیریدو لاره

liikennevalot / د ترافیک څراغونه

mökki

کوډله

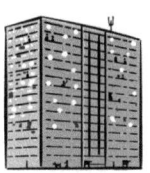

kerrostalo

اپارتمان

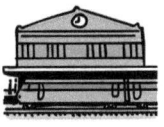

rautatieasema

د ریل سټیشن

kaupungintalo

ټاون هال

museo

میوزیم

koulu

ښوونځی

yliopisto

پوهنتون

pankki

بانک

sairaala

روغتون

hotelli

هوټل

apteekki

درملتون

toimisto

دفتر

kirjakauppa

کتاب پلورنځی

liike

پلورنځی

kukkakauppa

د ګلانو پلورنځی

supermarketti

لوی پلورنځی

tori

مارکیټ

tavaratalo

د ډیپارټمنټ سټور

kalakauppias

کب پلورنځی

ostoskeskus

د پلور مرکز

satama

لنګرتون

puisto

پارک

penkki

بينچ

silta

پل

portaat

زينه

metro

د ځمکي لاندي

tunneli

تونل

linja-autopysäkki

بس تمځای

baari

بار

ravintola

ريستورانت

postilaatikko

پوست بکس

katukyltti

د کوڅي نښه

parkkimittari

د پارک کولو ميتر

eläintarha

ژوبڼ

uimala

د لامبو حوض

moskeija

مسجد

maatila

کرونده

ympäristön saastuminen

ناپاکی

hautausmaa

هدیره

kirkko

چرچ

leikkikenttä

د لوبو ډګر

temppeli

معبد/کلیسا

maisema

منظره

lehti
پاڼه

tienviitta
د لارښوونی نښه

tie
لاره

niitty
چمن

kivi
کاڼی

retkeilijä
هېکر

puu
ونه

joki
سیند

ruoho
واښه

kukka
ګل

laakso

دره

vuori

غوندی

järvi

ناور

metsä

ځنګل

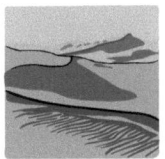

aavikko

دشته

tulivuori

اورشیندی

linna

كلا

sateenkaari

رنگین کمان

sieni

مرخيري

palmu

پلم ونه

hyttynen

ماشي

kärpänen

الوتل

muurahainen

میږی

mehiläinen

مچی

hämähäkki

غوندﻟﻪ/جولا

kovakuoriainen

کونگت

sammakko

چونگښه

orava

نولی

siili

زیرکی

jänis

سوی

pöllö

کونک

lintu

مرغی

joutsen

قازه

villisika

نرخوک

peura

هوسی

hirvi

گاوزه

pato

بند

tuulimylly

بادي توربين

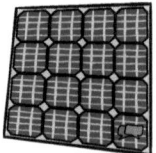

aurinkopaneeli

سولر تختی

ilmasto

اقلیم

tarjoilija
پیشخدمت

ruokalista
مینو

tuoli
چوکی

keitto
سوپ

pitsa
پیزا

ruokailuvälineet
پنجاخی، چاقو، کاشوغه

pöytäliina
د میز ټوټه

alkuruoka
سټارتر

pääruoka
اصلي خواره

jälkiruoka
شیرني

juomat
څښاک

ruoka
خواره

pullo
بوتل

pikaruoka

فاست فوډ

katuruoka

د کوڅي خواره

teekannu

چای جوش

sokeriastia

قندانۍ

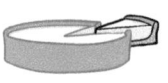

annos

برخه

espressokeitin

اسپرسو مشين

syöttötuoli

لوړه چوکۍ

lasku

رسيد

tarjotin

مجمه

veitsi

چاکو

haarukka

پنجه

lusikka

قاشق

teelusikka

چای قاشق

servietti

سورويت

lasi

ګلاس

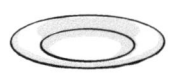

lautanen

پلیټ

syvä lautanen

د سوپ پلیټ

aluslautanen

نالبیکی

kastike

ساس

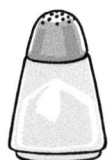

suolasirotin

مالګه شیندونکی

pippurimylly

د مرچ ټکولو لوخی

etikka

سرکه

öljy

غوړي

mausteet

مساله

ketsuppi

کچ اپ

sinappi

شرشم

majoneesi

چکه

tarjous
خانگړی ورانديز

asiakas
پېرودونکی

maitotuotteet
لبنیات

hedelmät
میوه

ostoskärryt
لاسي ټرخ

teurastamo
قصابي

leipomo
نانوایی

punnita
وزن کول

kasvikset
سبزیجات

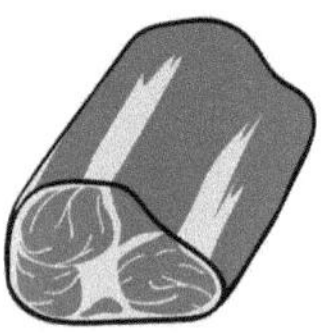

liha
غوښه

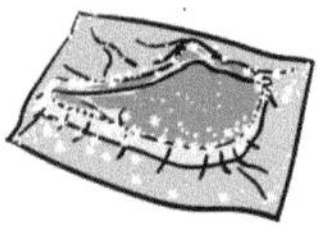

pakasteet
کنګل خواره

leikkele

یخه غوښه

säilykkeet

کنسروا خواړه

pesujauhe

د مینځلو پوډر

makeiset

شیریني

kotitaloustarvikkeet

کورنۍ تولیدات

puhdistusaineet

د پاکولو محصولات

myyjä

د پلور فرد

kassa

د نغدي راجستر

kassanhoitaja

صراف

ostoslista

د پیرود لیست

aukioloajat

کاري ساعتونه

lompakko

بټوه

luottokortti

کریډیت کارت

kassi

کڅوړه

muovipussi

پلاستیک کڅوړه

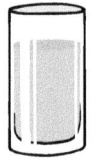

vesi

اوبه

mehu

جوس

maito

شیده

kokis

کوک

viini

واین

olut

بیر

alkoholi

الكول

kaakao

ککاو

tee

چای

kahvi

كافي

espresso

أسپرسو

cappuccino

کپچینو

banaani

کیله

omena

منه

appelsiini

نارنج

meloni

هندوانه

sitruuna

لیمو

porkkana

گازره

valkosipuli

هوږه

bambu

بانکس

sipuli

پیاز

sieni

مرخیړی

pähkinät

چغزی

spagetti

آش

spagetti

سپيگتي

riisi

وريجي

salaatti

سلاد

ranskalaiset

چپس

paistetut perunat

سره کري کچالو

pitsa

پيزا

hampurilainen

همبرگر

voileipä

ساندويچ

leike

کتره

kinkku

د پتون غوښه

salami

سلمي

makkara

ساسيچ

kana

چرگ

paisti

روست

kala

کب

kaurahiutaleet

د وربشي شيرني

mysli

موسلي

murot

د جوار پلی

jauho

اوړه

voisarvi

کروسانت

sämpylä

د ډوډی رول

leipä

ډوډی

paahtoleipä

ټوسټ

keksit

بسکیټ

voi

کوچ

rahka

چکه

kakku

کیک

kananmuna

هګی

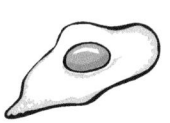

paistettu kananmuna

پښي هګی

juusto

پنیر

jäätelö

آيس كريم

sokeri

بوره

hunaja

شهد

hillo

مربا

suklaapähkinälevite

نوگـات كريم

curry

كوركمان

maatila

کرونده

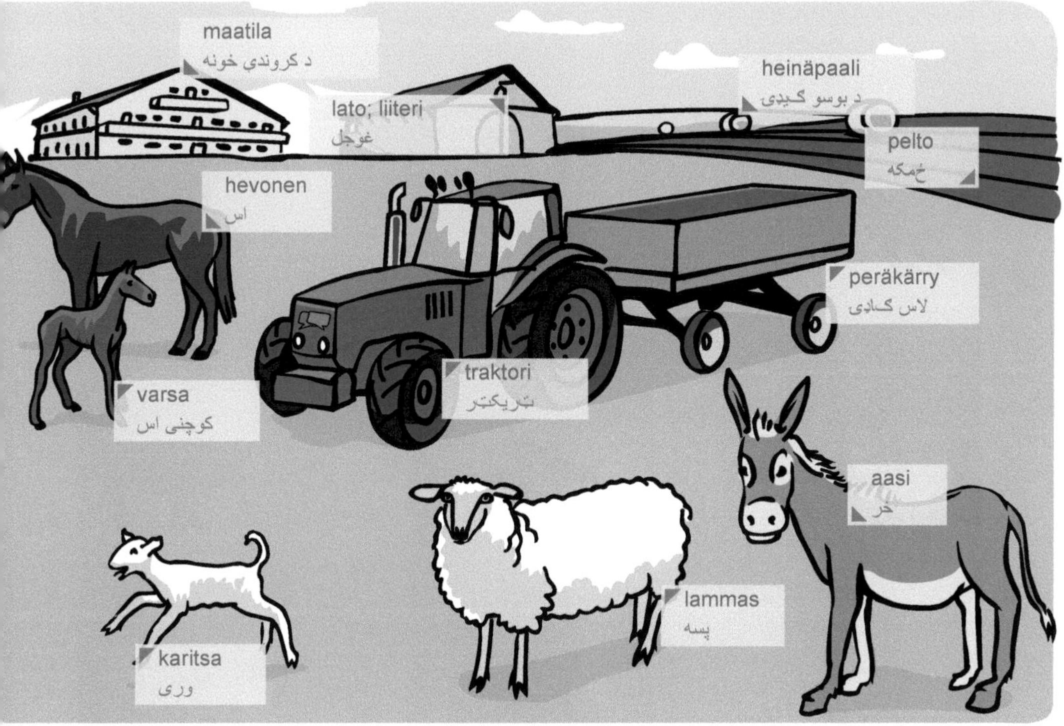
maatila
د کروندي خونه
heinäpaali
د بوسو ګیډۍ
lato; liiteri
غوجل
pelto
خمکه
hevonen
اس
peräkärry
لاس ګاډی
varsa
کوچنی اس
traktori
ټریکټر
aasi
خر
lammas
پسه
karitsa
وری

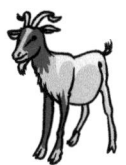

vuohi

وزه

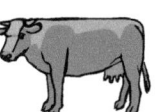

lehmä

غوا

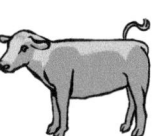

vasikka

خوسکی

sika

خوک

porsas

د خوک بچی

sonni

غويي

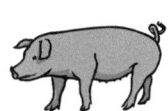

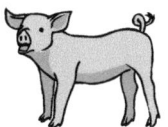

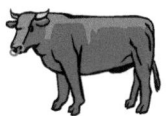

hanhi

بته

ankka

هیلی

tipu

چرگوړی

kana

چرګه

kukko

بانګي

rotta

سارای موږک

kissa

پیشک

hiiri

موږک

härkä

غویی

koira

سپی

koirankoppi

د سپي خونه

puutarhaletku

د باغ هوز

kastelukannu

د اوبو لوخي

viikate

لور (داس)

aura

یوی

sirppi

لور

kuokka

رمبی

talikko

بشراخی

kirves

تبر

kottikärryt

کراچی

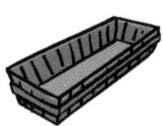

kaukalo

ناوه

maitokannu

د شیدو لوخی

säkki

جوال

aita

کتباره

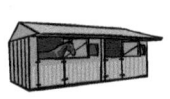

talli

مضبوط

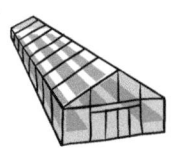

kasvihuone

شنه خونه

maa

خاوره

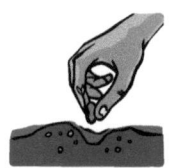

siemen

تخم

lannoite

سره/کود

leikkuupuimuri

کد ریبونکی ماشین

kerätä sato

زیرمه کول

sato

درمند

jamssit

خواږه کچالو

vehnä

غنم

soija

سویا

peruna

کچالو

maissi

جوار

rypsi

نباتي تخم

hedelmäpuu

د میوی ونه

maniokki

مانیوک

vilja

غله

savupiippu
درځه

katto
بام

sadevesikouru
ناودان

ikkuna
کرکۍ

autotalli
ګراج

ovikello
د دروازي زنګ

ovi
دروازه

roska-astia
اشغالدانۍ

postilaatikko
د لیک بکس

puutarha
باغ

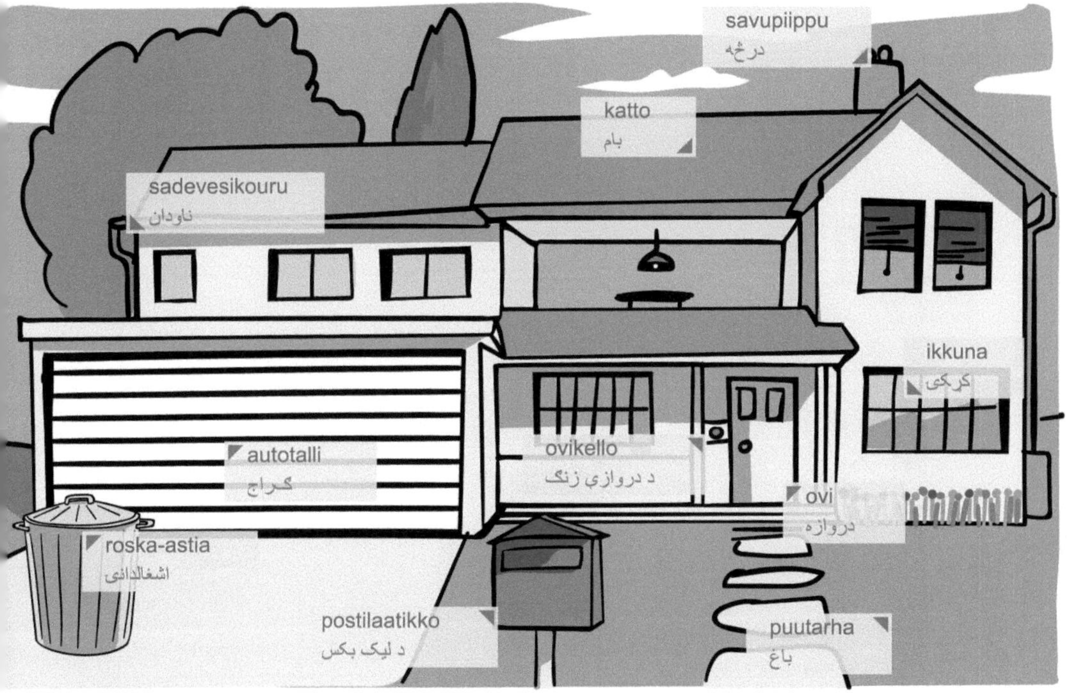

olohuone

د اوسیدو خونه

kylpyhuone

حمام

keittiö

پخلنځی

makuuhuone

د ویده کیدو خونه

lastenhuone

د ماشوم خونه

ruokahuone

د خوارو خونه

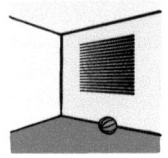

lattia

فرش

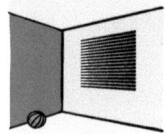

seinä

ديوال

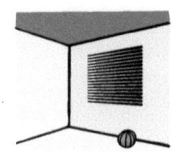

katto

چت

kellari

زيرخانه

sauna

سونا

parveke

بالكوني

terassi

تراس

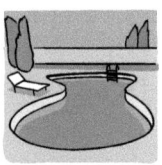

uima-allas

حوض

ruohonleikkuri

د چمن وهلو ماشين

lakana

شيت

päiväpeitto

روجايى

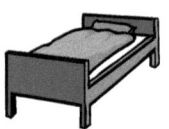

sänky

تخت

harja

جارو

ämpäri

بوكه

katkaisin

سويچ

olohuone

د اوسیدو خونه

tapetti
والپیپر
kuva
عکس
lamppu
لامپ
hylly
شیلف
kaappi
الماری
televisio
تلویزیون
takka
نغری
kukka
ګل
tyyny
بالښت
sohva
صوفه
maljakko
ګلدانی
kaukosäädin
ریموټ کنټرول

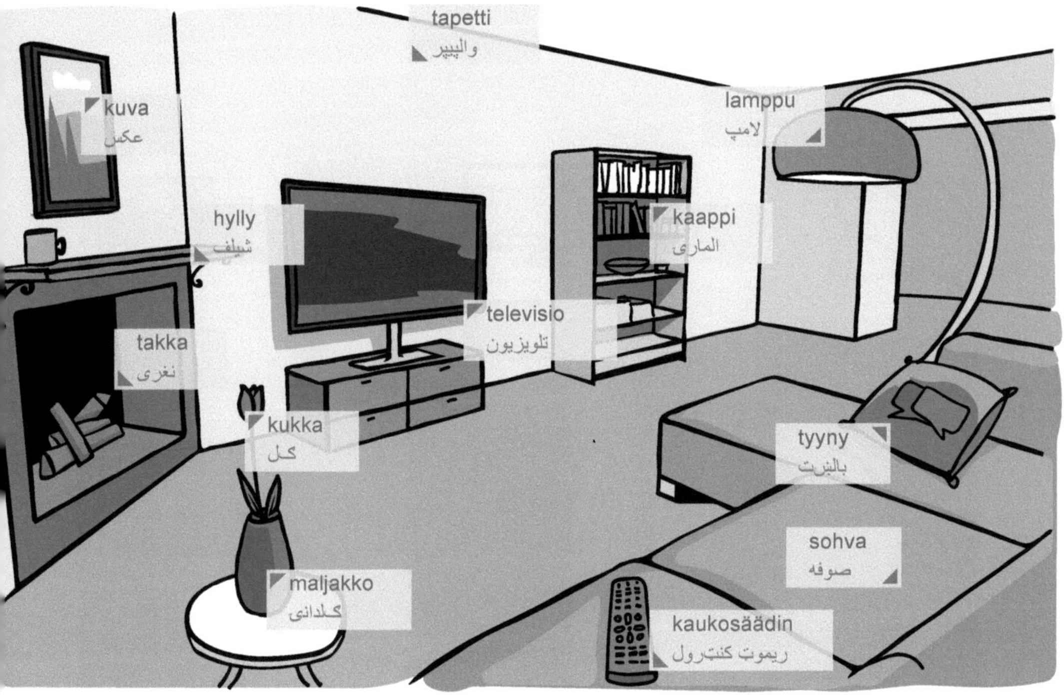

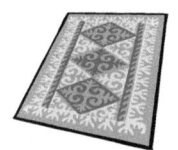

matto

غالی

verho

پرده

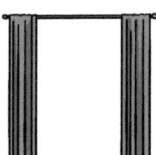

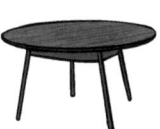

pöytä

میز

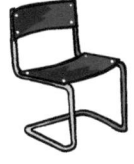

tuoli

چوکی

keinutuoli

تاویدونکي چوکی

nojatuoli

بازو لرونکی چوکی

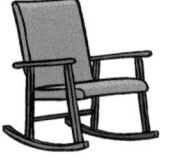

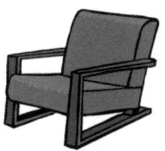

kirja

كتاب

peitto

كمپل

koriste

ديكوريشن

polttopuut

د اور لرگي

elokuva

فلم

stereot

هايفاى

avain

کلي

sanomalehti

ورځپانه

maalaus

نقاشي

juliste

پوستر

radio

راديو

muistivihko

كتابچه

pölynimuri

واكيوم جارو

kaktus

كاكتوس

kynttilä

شمع

keittiö
پخلنځی

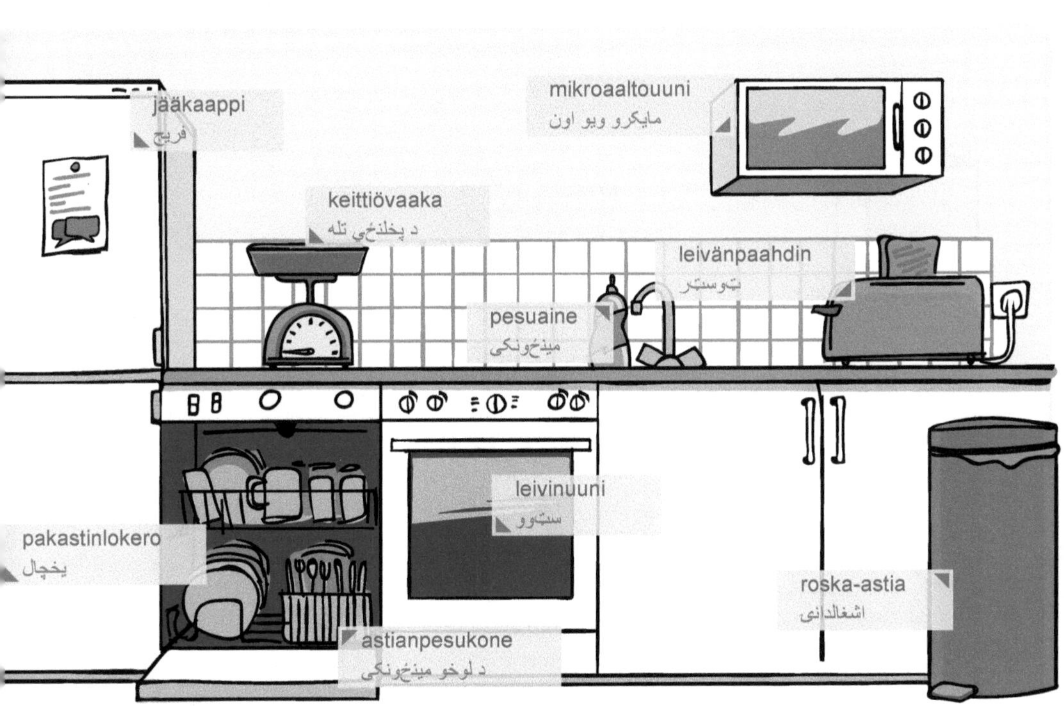

jääkaappi
فریج
mikroaaltouuni
مایکرو ویو اون
keittiövaaka
د پخلنځي تله
leivänpaahdin
ټوسټر
pesuaine
مینځونکی
leivinuuni
سټوو
pakastinlokero
يخچال
roska-astia
اشغالدانی
astianpesukone
د لوخو مینځونکی

liesi
دیگ بخار

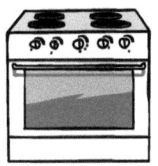

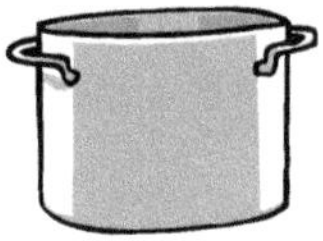
kattila
لوخی

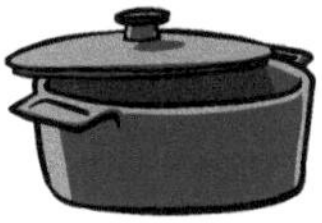
rautapata
چدني لوخی

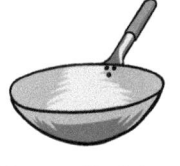

vokkipannu / kadai-pannu
ووک

paistinpannu
د تلي په

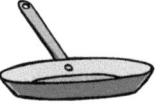

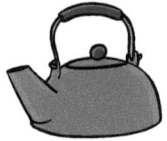

teepannu
چای جوش

höyrykeitin

د بخار دیگ

uunipelti

پتنوس

astiat

لوخي

muki

مگ

kulho

کاسه

syömäpuikot

د رانیولو اوزار

kauha

ﭼﻤﭽﻰ

paistinlasta

کفگیر

vispilä

پاکونکی

siivilä

صافي

siivilä

غلبیل

raastin

کریتر

mortteli

اونګ

grilli

بار بي کیو

avotuli

خلاص اور

leikkuulauta

تخته

kaulin

هوارونکی

korkinavaaja

کارک سکریو

purkki

ټيم

purkinavaaja

د ټيم خلاصونکی

pannulappu

د لوخي ټوټه

lavuaari

ظرف شوی

tiskiharja

برس

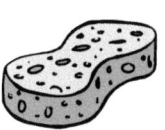

pesusieni

سپنج

tehosekoitin

بلیندر

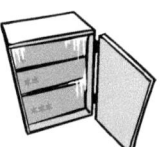

pakastin

ژور یخچال

tuttipullo

د ماشوم بوتل

vesihana

نل

kylpyhuone

حمام

lämmitys
تودول
pyyhe
جان پاک
suihku
شاور
suihkuverho
د شاور پرده
vaahtokylpy
ببل حمام
kylpyamme
د حمام ټب
pesukone
د مينځلو مشين
kaakelit
ټايلونه
vesihana
نل
lasi
گلاس
potta
يو ډول كمود
lavuaari
ظرف شوی

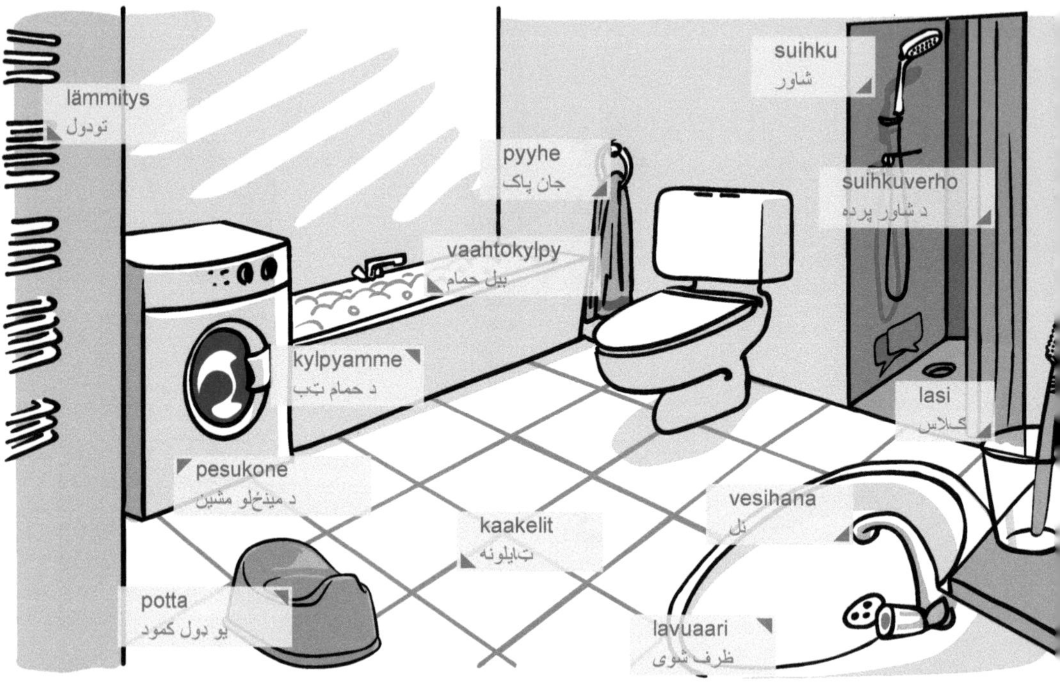

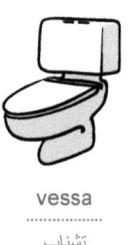

vessa
تشناب

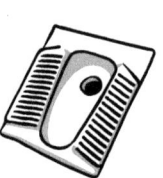

kyykkyvessa
فرشي كمود

bidee
كمود

pisuaari
د متيازو ځای

vessapaperi
تشناب كاغذ

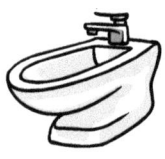

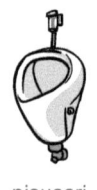

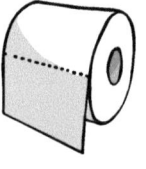

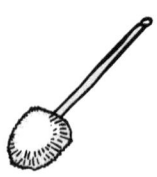

vessaharja
د تشناب برس

hammasharja

د غاښونو برس

hammastahna

د غاښونو کریم

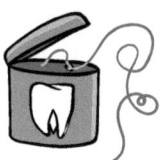

hammaslanka

د غاښونو نخ

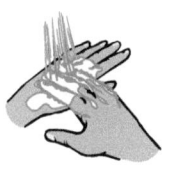

pestä

مینځل

käsisuihku

لاسي شاور

intiimisuihku

دوش

pesuvati

خانک

selkäharja

د شا برس

saippua

صابون

suihkugeeli

د شاور ژل

shampoo

شامپو

pesulappu

فلانل جامه

viemäri

وچول

voide

کریم

deodorantti

سپری

peili

آینه

käsipeili

لاسي آینه

partaveitsi

ریزر

partavaahto

د خریلو فوم

partavesi

د خریلو وروسته

kampa

ګمنځ

harja

برس

hiustenkuivaaja

د ویښتانو وچونکی

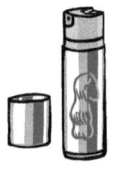

hiuslakka

د ویښتانو سپری

meikki

میک اپ

huulipuna

لیپ ستیک

kynsilakka

د نوکانو پالش

pumpuli

کاتن وری

kynsisakset

ناخن گیر

hajuvesi

عطر

kosmetiikkalaukku

د مینځلو کڅوړه

jakkara

سټول

vaaka

د وزن کولو تله

kylpytakki

د حمام پوښاک

kumihansikkaat

د ربړ دستکش

tamponi

تامپون

terveysside

صحیی جان پاک

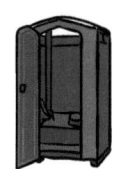

kemiallinen wc

کیمیکل تشناب

lastenhuone

د ماشوم خونه

herätyskello
د الارم ساعت
pehmolelu
د لوبو وسایل
leikkiauto
د نانځکي موټر
helistin
ریتل
nukkekoti
د نانځکو خونه
lahja
ډالۍ

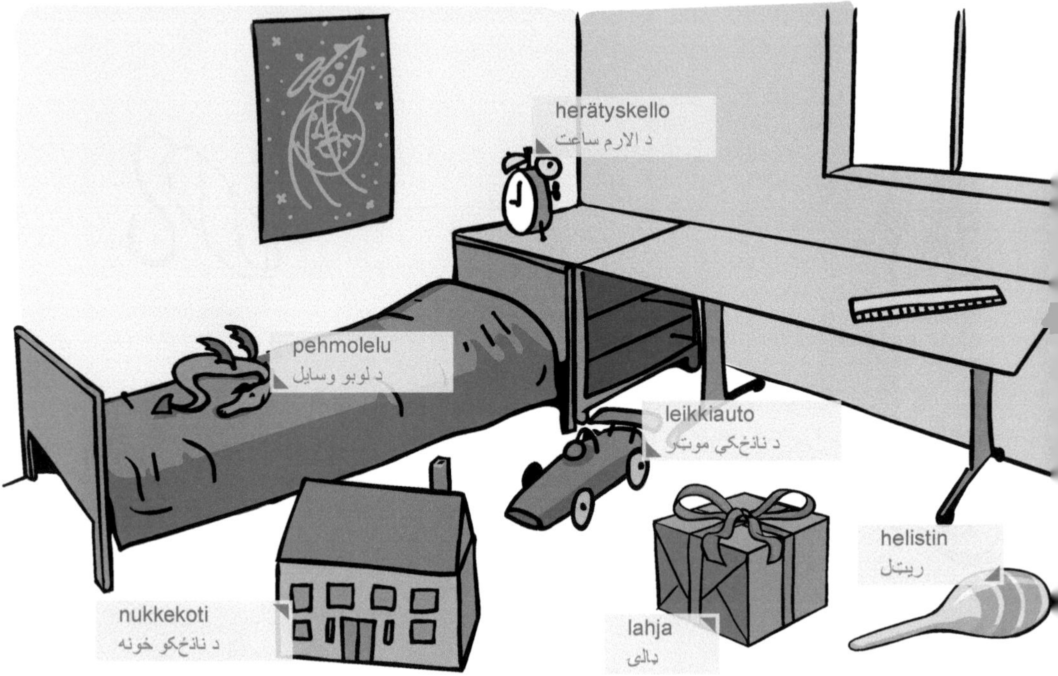

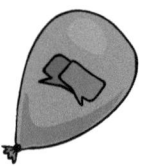

ilmapallo

بالون

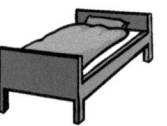

sänky

تخت

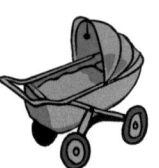

lastenvaunut

کالسکه

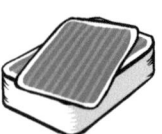

korttipeli

د لوبو ورقې

palapeli

جیګسا

SUPER MEGA

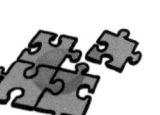

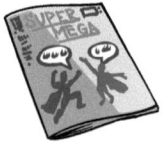

sarjakuva

مسخره

legopalikat

ليگو بريک

rakennuspalikat

د ناخخكو بلاک

supersankari

د اكشن فيگور

potkupuku

د ماشوم پوښاک

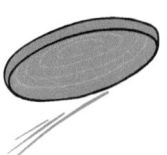

frisbee

فريزبي

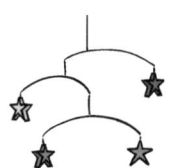

mobile

موبايل

lautapeli

بورد لوبه

noppa

تاس

pienoisjunarata

مادل ريل سيت

tutti

گونگشى

juhlat

پارتي

kuvakirja

د عكسونو البوم

pallo

بال

nukke

ناخكه

leikkiä

لوبيدل

hiekkalaatikko

د شګو کنده

keinu

سوینګ

lelut

ناڅخکی

pelikonsoli

د ویدیو لوبو کنسول

kolmipyörä

ترای سایکل

nalle

ګوډکه

vaatekaappi

د کالو الماری

vaatteet

پوښاک

sukat

جرابي

nylonsukat

لوري جرابي

sukkahousut

ستاینتب

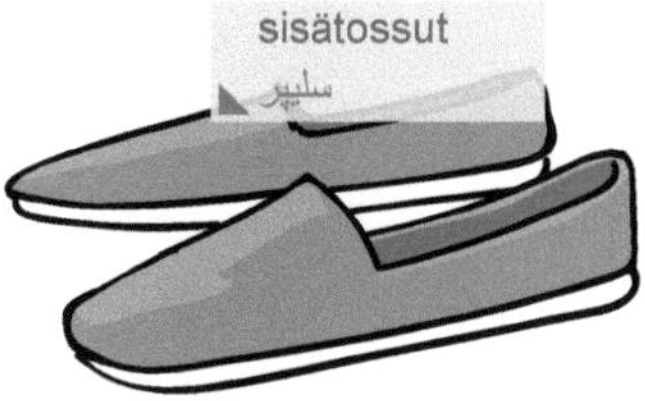

kaulaliina
زروکی

sateenvarjo
چتری

vyö
کمربند

t-paita
تي شرت

saappaat
بوت‌ان

sisätossut
سلیپر

lenkkarit
سنیکر

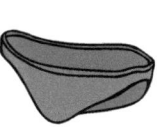

sandaalit
....
سیندل

kengät
....
بوت‌ان

kumisaappaat
....
د ربر بوت‌ان

alushousut
....
زیرنیکري

rintaliivit
....
سینه بند

aluspaita
....
واسکټ

body

بادي

housut

پتلون

farkut

جينز

hame

لمن

pusero

بلاوز

paita

شرت

villapaita

بنيان

collegepaita

سويتر

jakku

بليزر

takki

جاكت

takki

كوت

sadetakki

د باران کوت

puku

پوښاک

mekko

كالي

hääpuku

د واده پوښاک

puku

دريشي

yöpaita

د شپې پوښاک

pyjama

پاجامه

shari

ساري

päähuivi

لوپته

turbaani

پټکی

burka

برقه

kaftaani

کفتن

abaya

عبا

uimapuku

د لامبو پوښاک

uimahousut

نیکر

shortsit

شارټ

verkkarit

د ځغاستې پوښاک

esiliina

پیش بند

käsineet

دستکش

nappi

بتن

silmälasit

عینک

rannekoru

لاس بند

kaulakoru

غاړه کی

sormus

کوتمه

korvakoru

غوږوالی

lippalakki

خولی

ripustin

کوټ بند

hattu

خولی

solmio

نټایی

vetoketju

ځنځیر

kypärä

هیلمیت

henkselit

تړونکی

koulupuku

د ښوونځي یونیفارم

univormu

یونیفارم

ruokalappu

بيب

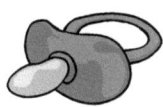

tutti

گونكشى

vaippa

نيپي

toimisto

دفتر

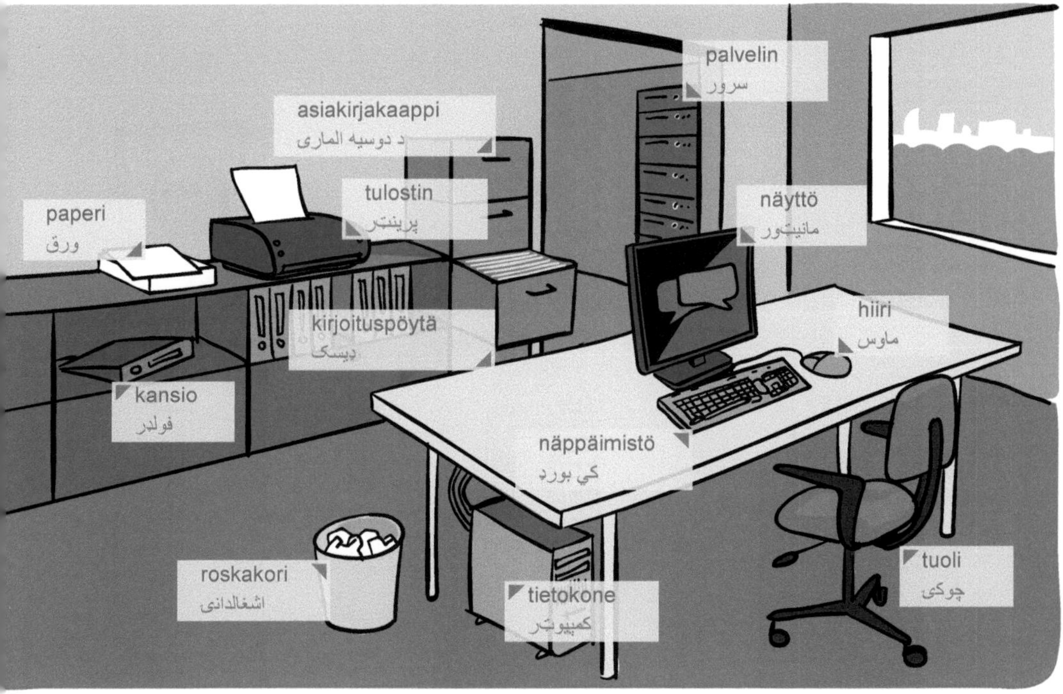

palvelin

سرور

asiakirjakaappi

د دوسيه المارى

tulostin

پرينټر

paperi

ورق

näyttö

مانيټور

kirjoituspöytä

ډيسک

hiiri

ماوس

kansio

فولدر

näppäimistö

كي بورد

roskakori

اشغالدانى

tuoli

چوكى

tietokone

كمپيوټر

kahvimuki

د كافي پياله

taskulaskin

كالكولیټر

internet

انټرنیټ

kannettava tietokone

لپ تاپ

kirje

کیل

viesti

پیغام

kännykkä

موبایل

verkko

نیتورک

kopiokone

فوتوکاپیر

ohjelmisto

سافتویر

puhelin

تلیفون

pistorasia

پلگ ساکت

faksi

فکس مشین

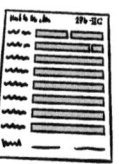

lomake

فارم

asiakirja

سند

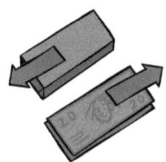

ostaa

پيرل

maksaa

تاديه کول

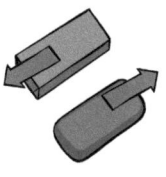

vaihtaa

سوداکري کول

raha

پيسي

dollari

ډالر

euro

يورو

jeni

ين

rupla

ربل

frangi

سويسي فرانک

renminbi juan

رينمينبي يوان

rupia

روپۍ

pankkiautomaatti

د نغدي پيسو خُای

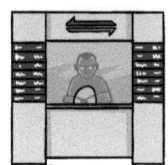

rahanvaihto

د اسعارو د تبادلی دفتر

kulta

سره زر

hopea

سپین زر

öljy

تیل

energia

انرژي

hinta

نرخ

sopimus

قرارداد

vero

مالیه

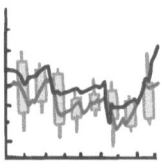

osake

اسهام

työskennellä

کار کول

työntekijä

کارمند

työnantaja

کار کومارونکی

tehdas

فابریکه

liike

پلورنځی

ammatit
مسلکونه

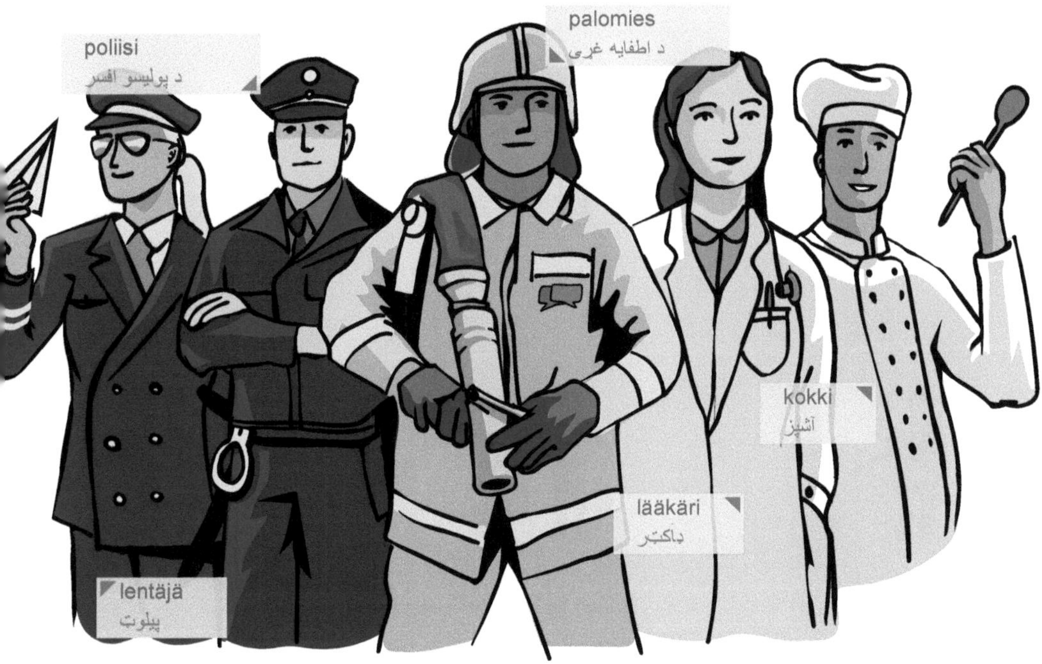
poliisi
د پولیسو افسر
palomies
د اطفایه غړی
kokki
آشپز
lääkäri
ډاکټر
lentäjä
پیلوټ

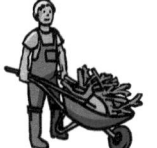

puutarhuri

باغوان

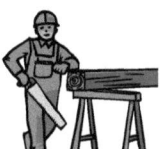

puuseppä

نجار

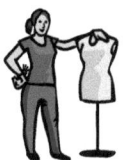

ompelija

خیاط

tuomari

قاضي

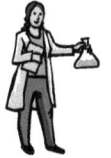

kemisti

کیمیا پوه

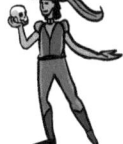

näyttelijä

د فلم لوبغاړی

linja-autonkuljettaja

د بس درایور

taksinkuljettaja

د ټیکسي درایور

kalastaja

کب نیونکی

siivooja

خدمه

katontekijä

بام جورونکی

tarjoilija

پیشخدمت

metsästäjä

ښکاري

maalari

نقاش

leipuri

نانوا

sähköasentaja

د برښنا کارکونکی

rakentaja

تعمیر جورونکی

insinööri

انجنیر

teurastaja

قصاب

putkiasentaja

نلدوان

postinjakaja

پوست رسونکی

sotilas

سرتيری

arkkitehti

مهندس

kassanhoitaja

صراف

floristi

ماليار

kampaaja

نايی

konduktööri

کلیندر

mekaanikko

میکانیک

kapteeni

کپتان

hammaslääkäri

د غاښونو ډاکټر

tiedemies

ساينس پوه

rabbi

بش‌اغلی

imaami

امام

munkki

مذهبي نفر

pappi

پادري

työkalut
لوازم

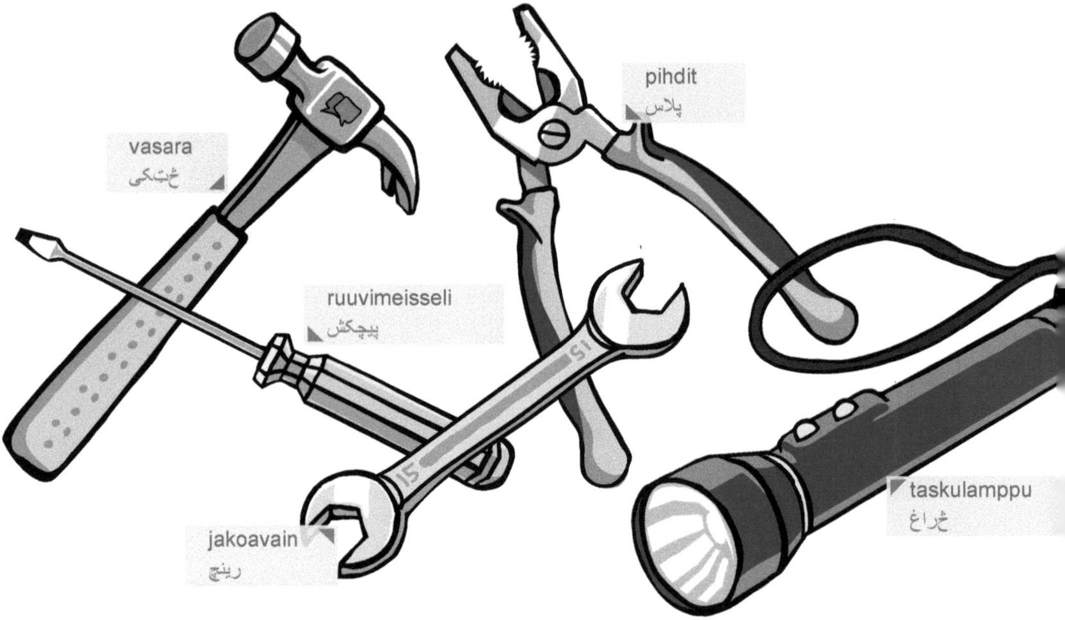
vasara
څټکی
pihdit
پلاس
ruuvimeisseli
پیچکش
jakoavain
رینچ
taskulamppu
څراغ

kaivinkone

کنستونکی

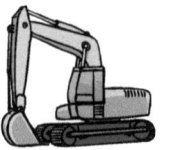

työkalupakki

د لوازمو بکس

tikkaat

زینه

saha

اره

naulat

میخونه

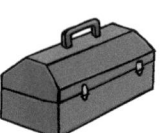

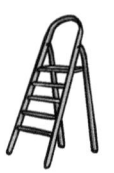

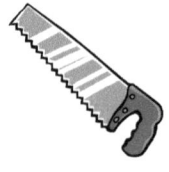

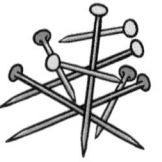

pora

برمه

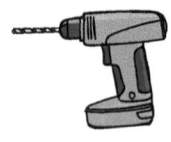

korjata

ترمیم کول

lapio

بیل

Hitto!

لعنت!

rikkalapio

خاک انداز

maalipurkki

مشوانۍ

ruuvit

پیچونه

soittimet

د میوزیک آلات

kaiuttimet
لاوډ سپیکر

rummut
درم سیټ

kontrabasso
کنټرباس

trumpetti
تترومپیټ

kitara
ګیتار

piano

پیانو

viulu

وایلن

basso

باس

patarummut

نغاره

rumpu

ډرمونه

kosketinsoitin

کي بورد

saksofoni

سیکسافون

huilu

شپيلی

mikrofoni

مايکروفون

eläintarha
ژوبڼ

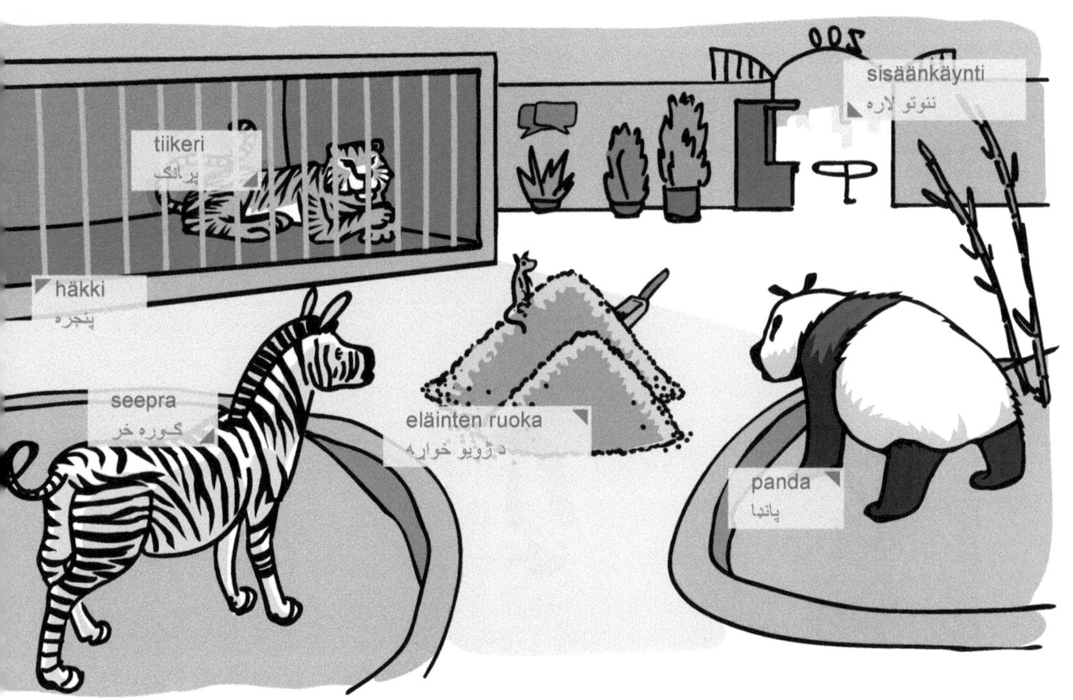
tiikeri
پړانګ
sisäänkäynti
ننوتو لاره
häkki
پنجره
seepra
ګوره خر
eläinten ruoka
د ژوبو خواره
panda
پاندا

eläimet
....
ژوی

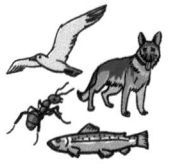

norsu
....
هاتي

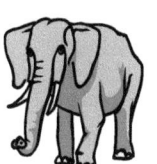

kenguru
....
کنګرو

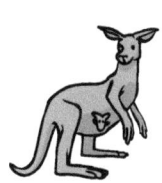

sarvikuono
....
د اوبو اسپ

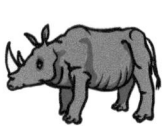

gorilla
....
ګوریلا

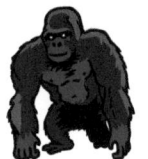

karhu
....
ایږه

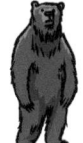

kameli

اوښ

strutsi

ښترمرغ

leijona

زمرى

apina

بيزو

flamingo

غزى

papukaija

طوطي

jääkarhu

قطبي ايږه

pingviini

پينګوين

hai

شارک

riikinkukko

طاوس

käärme

مار

krokotiili

تمساح

eläintarhanhoitaja

ژوبڼ ساتونکى

hylje

سيل

jaguaari

جګوار

poni

يابو

leopardi

پلنگ

virtahepo

هيپو

kirahvi

زرافه

kotka

باز

villisika

نرخوک

kala

کب

kilpikonna

شمشتی

mursu

سمندري نولی

kettu

گيدره

gaselli

هوسی

amerikkalainen jalkapallo
امریکایی فټبال

pyöräily
سایکل چلول

tennis
تینیس

koripallo
باسکیتبال

uinti
لامبو

jääkiekko
د کنګل هاکي

nyrkkeily
باکسینګ

jalkapallo

فټبال

sulkapallo

کسیزه

yleisurheilu

د خ‌غاستی لوبی

käsipallo

د هندبال

hiihto

سکي

poolo

پولو

nauraa
خندل

hypätä
ټوپ وهل

halata
غاړه ورکول

kävellä
کرځیدل

laulaa
سندري ویل

unelmoida
خوب لیدل

rukoilla
عبادت کول

suudella
مچو کول

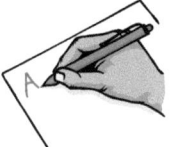

kirjoittaa

لیکل

piirtää

کښنل

näyttää

ښوودل

painaa

ټېله کول

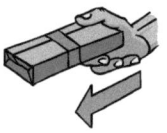

antaa

ورکول

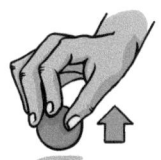

ottaa

اخیستل

omistaa

درلودل

tehdä

کول

olla

پاییدل

seisoa

ودریدل

juosta

مندبي وهل

vetää

راکښل

heittää

ګوزارل

kaatua

لویدل

maata

څملاستل

odottaa

انتظار کول

kantaa

ورل

istua

کښېناستل

pukeutua

پوښاک اغوستل

nukkua

ویده کیدل

herätä

پاڅیدل

katsoa

كتل

itkeä

ژرل

silittää

بريد كول

kammata

كـمنخ كول

puhua

خبرى كول

ymmärtää

پوهيدل

kysyä

غوښتل

kuunnella

اوريدل

juoda

څښل

syödä

خورل

siivota

پاكول

rakastaa

مينه كول

keittää

پخلى كول

ajaa

موټر چلول

lentää

الوتل

purjehtia

بیری چلول

laskea

حساب

lukea

لوستل

oppia

زده کول

työskennellä

کار کول

mennä naimisiin

واده کول

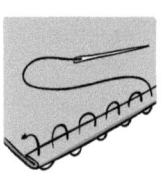

ommella

ګنډل

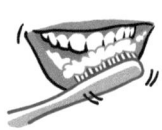

pestä hampaat

د غاښونو برس کول

tappaa

وژل

tupakoida

سګرټ څکول

lähettää

لیږل

perhe
کورنۍ

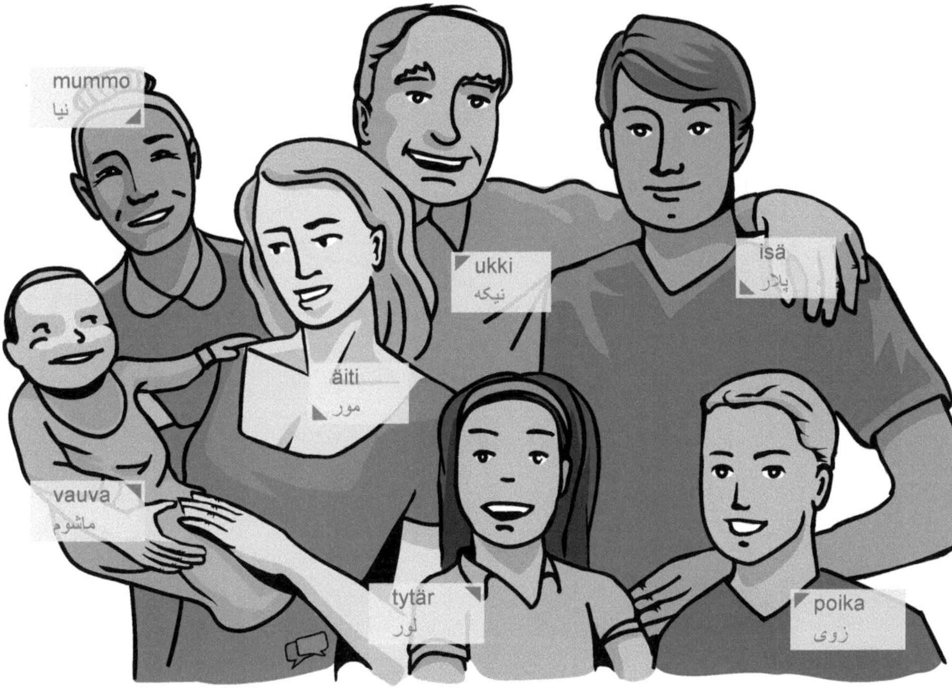
mummo
نیا
ukki
نیکه
isä
پلار
äiti
مور
vauva
ماشوم
tytär
لور
poika
زوی

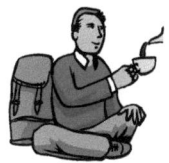

vieras

میلمه

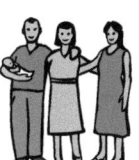

täti

ترور

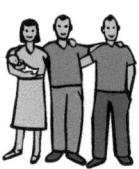

setä

کاکا/ماما

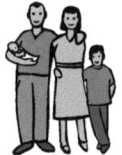

veli

ورور

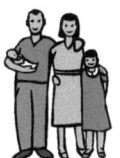

sisko

خور

vartalo

بدن

otsa
تندی
silmä
سترګې
olkapää
اوږه
sormet
ګوته
kasvot
مخ
leuka
زنه
käsi
لاس
rinta
سينه
jalka
پښه
käsivarsi
مټ

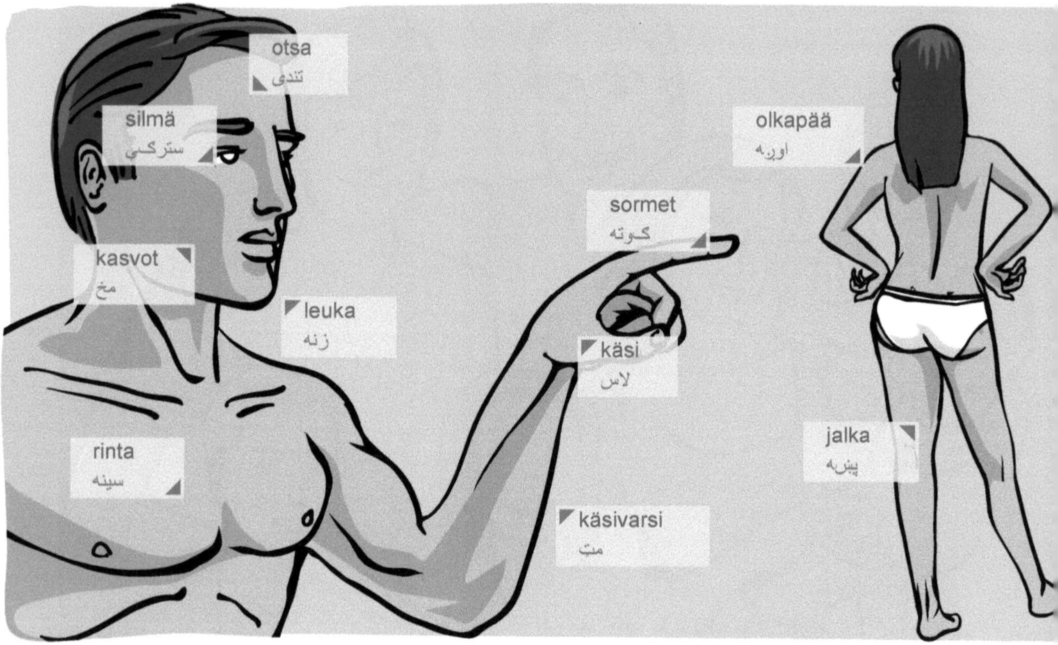

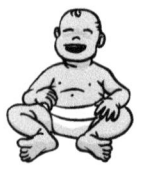

vauva

ماشوم

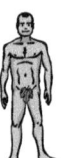

mies

سړی

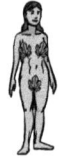

nainen

ښځه

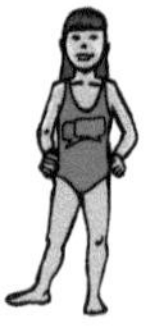

tyttö

انجلۍ

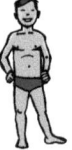

poika

هلک

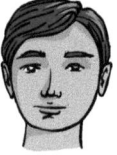

pää

سر

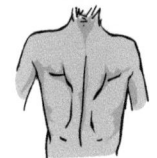

selkä

شا

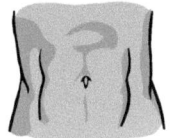

maha

خیټه

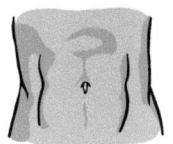

napa

نوم

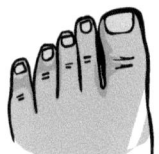

varvas

د پښې ګوته

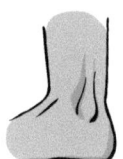

kantapää

پونده

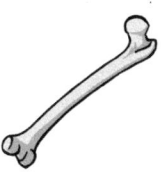

luu

هډوکی

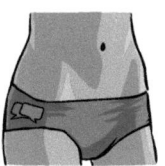

lantio

کوناتۍ

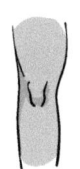

polvi

زنګون

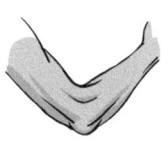

kyynärpää

څنګل

nenä

پوزه

takapuoli

لاندی برخه

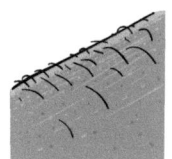

iho

پوټکی

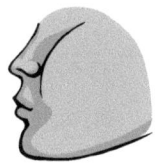

poski

غومبوری

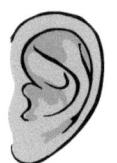

korva

غوږ

huuli

 شونډه

vartalo - بدن

suu

خوله

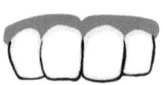

hammas

غاښ

kieli

ژبه

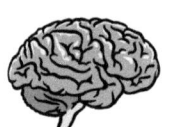

aivot

مغز

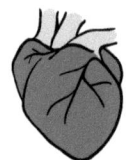

sydän

زړه

lihas

عضله

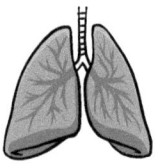

keuhkot

سږرى

maksa

ځيګر

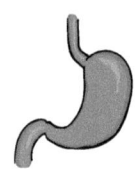

vatsa

معده

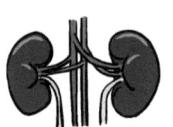

munuaiset

پښتورګي

seksi

جنسي نژدي والی

kondomi

كاندوم

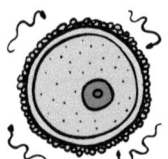

munasolu

تخمه

sperma

مني

raskaus

حمل

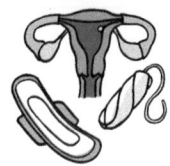

kuukautiset

حیض

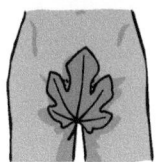

vagina

مهبل

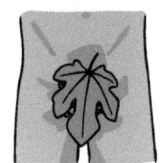

penis

د نارینه تناسلي آله

kulmakarvat

وروځی

hiukset

ویښته

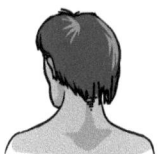

niska

غاړه

sairaala
روغتون

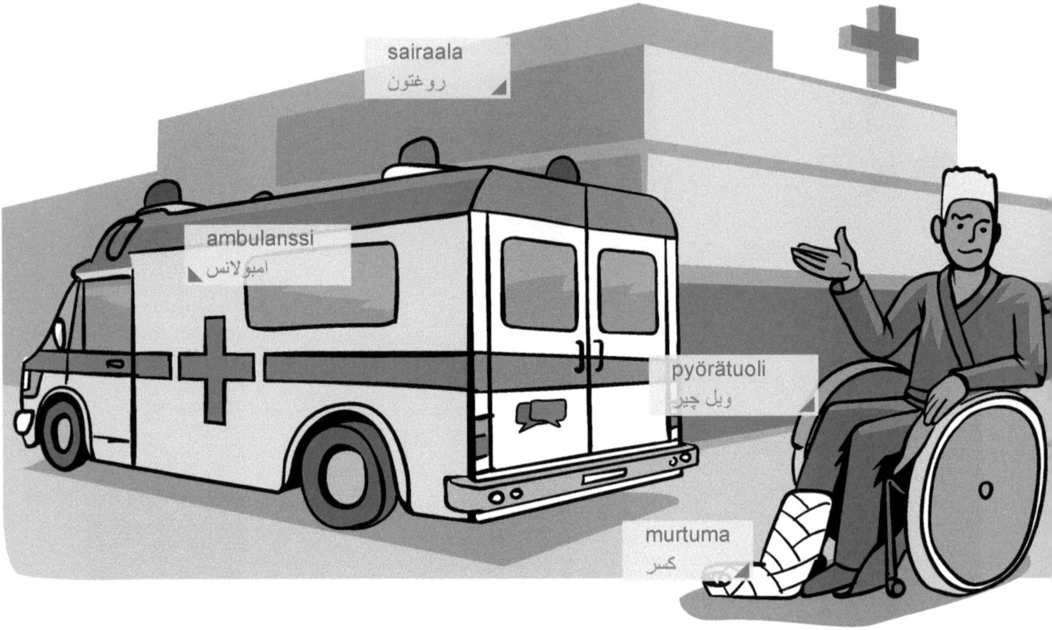

sairaala
روغتون
ambulanssi
امبولانس
pyörätuoli
ویل چیر
murtuma
کسر

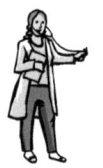

lääkäri

ډاکټر

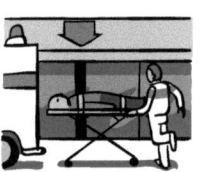

ensiapu

عاجل خونه

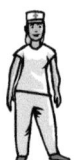

sairaanhoitaja

رنځورپال

hätätilanne

عاجل

tajuton

بې هوش

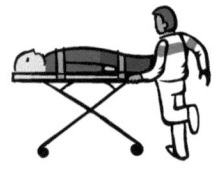

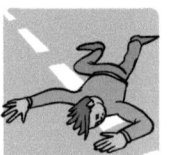

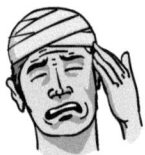

kipu

درد

vamma

پتت

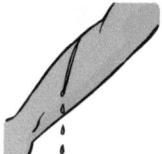

verenvuoto

لدويت هنيو

sydänkohtaus

هلمح هرزد

aivoinfarkti

برض

allergia

تيساسح

yskä

یخوت

kuume

هبت

flunssa

ازنيولفنا

ripuli

یتسان سن

päänsärky

درد رس

syöpä

ناطرس

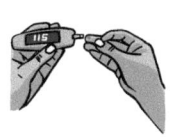

diabetes

رکش

kirurgi

حارج

veitsi

لپلاکس

leikkaus

تايلمع

ct

سیرتي

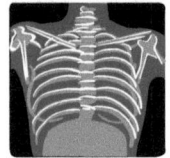

röntgen

ایکس ری

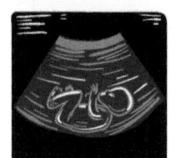

ultraääni

التراساوند

maski

د مخ ماسک

sairaus

ناروغي

odotushuone

انتظار خونه

sauva

امسآ

laastari

پلستر

side

بنداژ

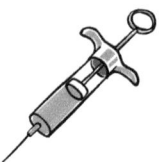

pistos

تزریق

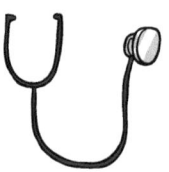

stetoskooppi

ستاتسکوپ

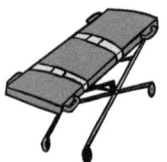

paarit

تسکیره

kuumemittari

کلینکي ترمامیټر

syntymä

زیږون

ylipaino

زیات وزن

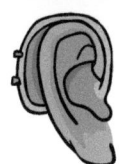

kuulolaite

د اوريدو مرسته

desinfiointiaine

د عفونيت څخه پاکونکي مواد

infektio

عفونيت

virus

ويروس

HIV / AIDS

ايچ.آی.وی/ایدز

lääke

درمل

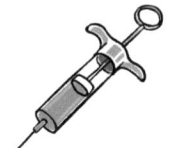

rokotus

واکسين

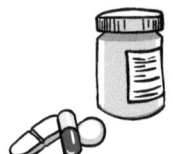

tabletit

تابليټس

pilleri

ګولی

hätäpuhelu

عاجل تليفون

verenpainemittari

د ويني د فشار څارونکی

sairas / terve

ناروغ/روغ

Apua!

مرسته!

hälytys

الارم

ryöstö

يرغل

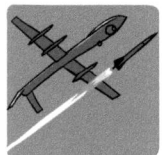

hyökkäys

بريد

vaara

خطر

hätäuloskäynti

عاجل لاره

Tulipalo!

اور!

palosammutin

د اور وژونکی

onnettomuus

پيښه

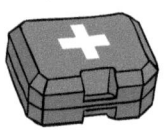

ensiapulaukku

د لومړی مرستي لوازم

SOS

ايس.او.ايس

poliisilaitos

پوليس

Eurooppa

اروپا

Pohjois-Amerikka

شمالي امريکا

Etelä-Amerikka

سهیلي امریکا

Afrikka

افریقا

Aasia

آسیا

Australia

آستریلیا

Atlantin valtameri

اتلانتیک

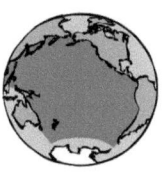

Tyynimeri

پاسیفیک

Intian valtameri

د هند بحر

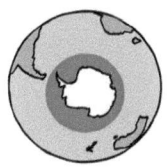

Eteläinen jäämeri

جنوبي منجمد بحر

Pohjoinen jäämeri

د شمال قطب بحر

pohjoisnapa

شمالي قطب

etelänapa

سهيلي قطب

Antarktis

انتارکتیکا

maa

خُمکه

maa

خُمکه

meri

بحر

saari

تپاپو

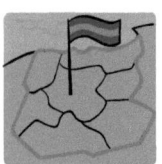

kansa

ملت

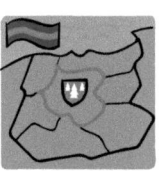

osavaltio

دولت

kellotaulu

د مخى ساعت

tuntiviisari

د ساعت ستنه

minuuttiviisari

د دقيقي ستنه

sekuntiviisari

د ثانيى ستنه

Paljonko kello on?

څه وخت دى؟

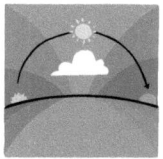

päivä

ورځ

aika

وخت

nyt

اوس

digitaalikello

ديجيټل ساعت

minuutti

دقيقه

tunti

ساعت

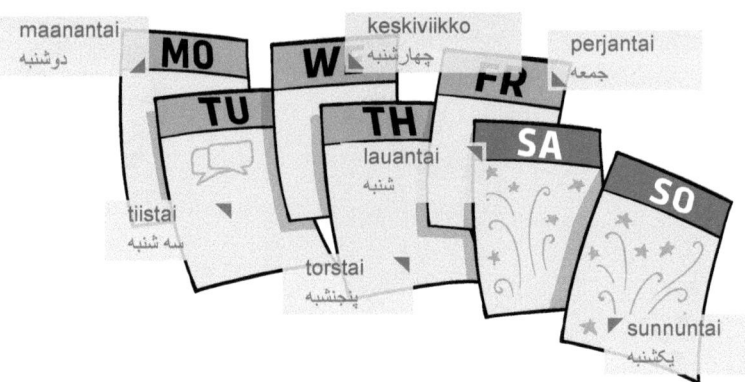

maanantai
دوشنبه

keskiviikko
چهارشنبه

perjantai
جمعه

tiistai
سه شنبه

lauantai
شنبه

torstai
پنجشنبه

sunnuntai
یکشنبه

eilen

پرون

tänään

نن

huomenna

سبا

aamu

سهار

keskipäivä

غرمه

ilta

ماښام

työpäivät

کاري ورځی

viikonloppu

د اونۍ پای

vuosi
کال

sade
باران
sateenkaari
رنګين کمان
lumi
واوره
tuuli
باد
kevät
پسرلی
syksy
مني
kesä
اوړی
talvi
ژمی

4.APRIL 11°
5.APRIL 4°
6.APRIL 13°
7.APRIL 8°
8.APRIL 10°

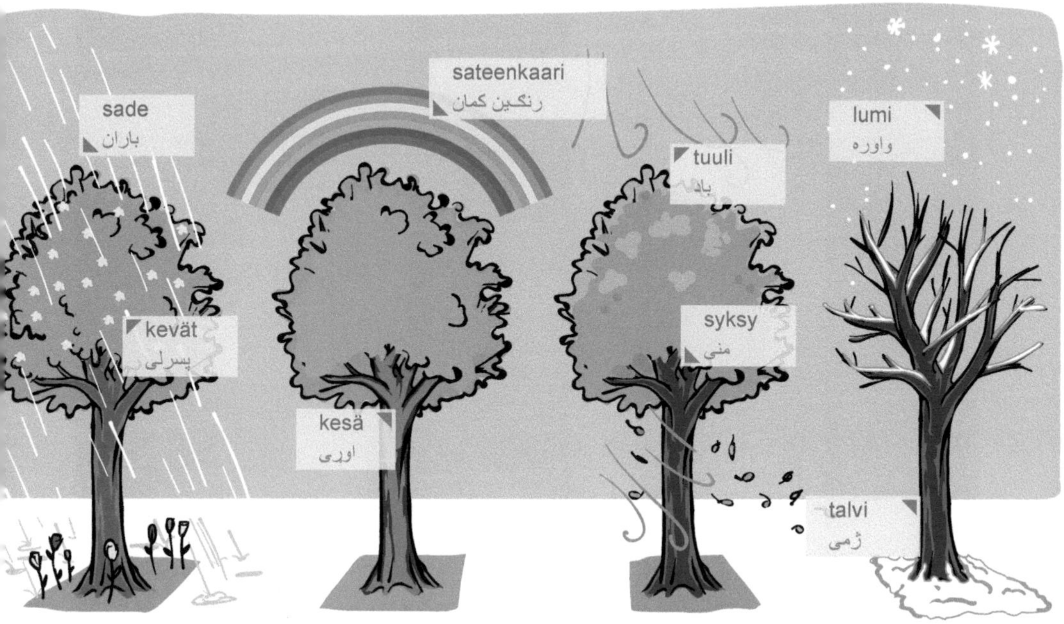

sääennuste

د موسم وړاندوینه

F C
120 40
90 30
60 20
30 10
0 0
-30 -10
-20

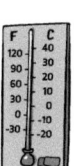

lämpömittari

ترمومیټر

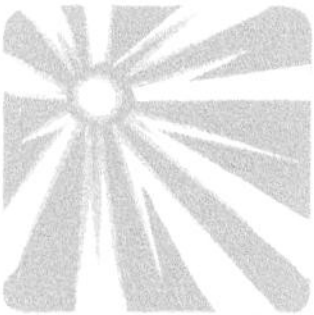

auringonpaiste

د لمر وړانګې

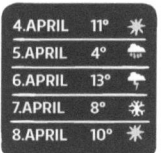

pilvi

وریځ

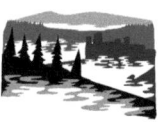

sumu

لړه

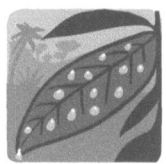

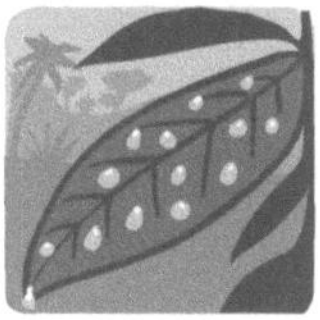

ilmankosteus

رطوبت

salama

رڼا

ukkonen

تندر

myrsky

توفان

rae

ږلۍ وریدل

monsuuni

مون سون باران

tulva

سیلاب

jää

یخ

tammikuu

جنوري

helmikuu

فبروري

maaliskuu

مارچ

huhtikuu

اپرېل

toukokuu

می

kesäkuu

جون

heinäkuu

جولای

elokuu

اگست

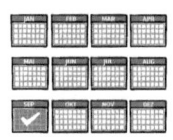

syyskuu

سپتّمبر

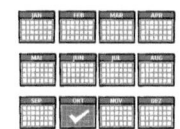

lokakuu

اكتوبر

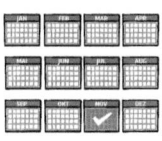

marraskuu

نومبر

joulukuu

دسمبر

ympyrä

دايره

neliö

مربع

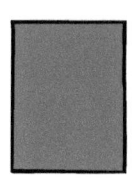

suorakulmio

مستطيل

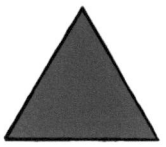

kolmio

مثلث

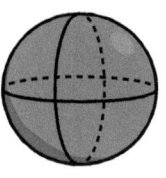

pallo

توپ

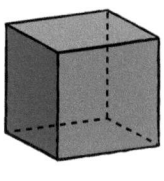

kuutio

فال

valkoinen

سپين

keltainen

ژير

oranssi

نارنجي

vaaleanpunainen

گلابي

punainen

سور

violetti

ارغواني

sininen

نيلي

vihreä

شين

ruskea

نسواري

harmaa

خر

musta

تور

paljon / vähän

خورا ډير/خورا لږ

vihainen / ystävällinen

قار/ارام

kaunis / ruma

ښکلى/بدشکله

alku / loppu

پیل/پای

suuri / pieni

لوى/کوچنى

vaalea / tumma

روښانه/تیاره

veli / sisko

ورور/خور

puhdas / likainen

پاک/ککر

täydellinen / epätäydellinen

مکمل/ناممکمل

päivä / yö

ورځ/شپه

kuollut / elävä

مړ/ژوندى

leveä / kapea

پراخه/نرى

syötävä / syömäkelvoton

د خوراک وړ/نه خوړل کیدونکی

paha / kiltti

بد/مهربان

innostunut / tylsistynyt

پاريدلي/بي خونده

lihava / laiha

چاق/وچ

ensimmäinen / viimeinen

لومړي/وروستی

ystävä / vihollinen

ملګري/دښمن

täysi / tyhjä

ډک/تش

kova / pehmeä

سخت/نرم

painava / kevyt

درون/سپک

nälkä / jano

لوږه/تنده

sairas / terve

ناروغ/روغ

laiton / laillinen

غيرقانوني/قانوني

älykäs / tyhmä

هوښيار/ساده

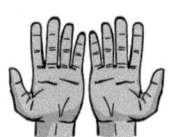

vasen / oikea

كين/ښي

lähellä / kaukana

نږدې/لري

uusi / käytetty

نوى/زوړ

ei mitään / jotain

هيڅ/يو څه

vanha / nuori

بوډا/ځوان

päällä / pois päältä

چالان/بند

auki / kiinni

خلاص/ترلى

hiljainen / äänekäs

غلى/الور غږ

rikas / köyhä

بډايه/غريب

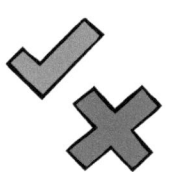

oikein / väärin

صحيح/غلط

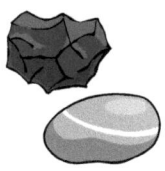

karhea / sileä

زبر/ملايم

surullinen / iloinen

خفه/خوښ

lyhyt / pitkä

لنډ/اوږد

hidas / nopea

سست/ګرندى

märkä / kuiva

لوند/وچ

lämmin / viileä

ګرم/يخ

sota / rauha

جګړه/سوله

0

nolla

صفر

1

yksi

يو

2

kaksi

دوه

3

kolme

دری

4

neljä

څلور

5

viisi

پنځه

6

kuusi

شپږ

7

seitsemän

اوه

8

kahdeksan

اته

9

yhdeksän

نهه

10

kymmenen

لس

11

yksitoista

يولس

12
kaksitoista

سلود

13
kolmetoista

سلاردي

14
neljätoista

سلارۇچ

15
viisitoista

سلخنپ

16
kuusitoista

سرابش

17
seitsemäntoista

سلوو

18
kahdeksantoista

سلتا

19
yhdeksäntoista

سلون

20
kaksikymmentä

لش

100
sata

لس

1.000
tuhat

رز

1.000.000
miljoona

نويليم

englanti

انكـلسي

amerikanenglanti

امريكايـى انكـلسي

mandariinikiina

چينايـى مندرين

hindi

هندي

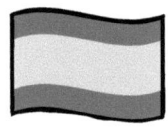

espanja

هسپانوي

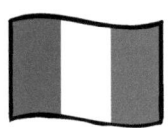

ranska

فرانسوي

arabia

عربي

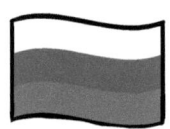

venäjä

روسـي

portugali

پرتكـالي

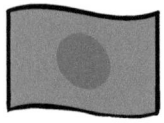

bengali

بنكـالي

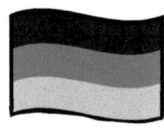

saksa

ألماني

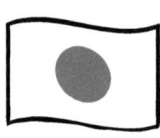

japani

جاپاني

minä

ز ه

sinä

ته

hän

هغه/د غه/دا

me

موږ

te

تاسې

he

دوی/هغوی

kuka?

څوک؟

mitä / mikä?

څه؟

miten?

څنګه؟

missä?

چيري؟

milloin?

کله؟

nimi

نوم

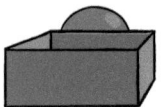

takana

شاته

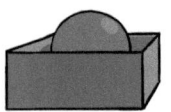

sisällä

پہ

edessä

پہ مخه کی

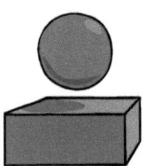

yläpuolella

باندي

päällä

پہ

alapuolella

لاندي

vieressä

برسیره پر

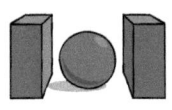

välissä

ترمینځ

paikka

ځای